孔子学院适用教材·文化读本系列
Chinese Culture Reader Series for Confucius Institutes

程爱民　主编
英文审校　David Holm　David Honey　Sarah Dauncey

QUOTATIONS FROM ZHUANGZI

庄子名言精选

敖雪岗　编　汪榕培　译

上海外语教育出版社
外教社 SHANGHAI FOREIGN LANGUAGE EDUCATION PRESS

图书在版编目（CIP）数据

庄子名言精选 / 敖雪冈编；汪榕培译．—上海：
上海外语教育出版社，2008
孔子学院适用教材
ISBN 978-7-5446-0987-6

Ⅰ.庄… Ⅱ.①敖…②汪… Ⅲ.庄周（前369～前286）
—语录—对外汉语教学—教材 Ⅳ.H195.4 B223.5

中国版本图书馆CIP数据核字（2008）第116072号

出版发行：上海外语教育出版社
（上海外国语大学内） 邮编：200083
电　　话：021-65425300（总机）
电子邮箱：bookinfo@sflep.com.cn
网　　址：http://www.sflep.com.cn http://www.sflep.com
责任编辑：李振荣

印　　刷：上海图宇印刷有限公司
经　　销：新华书店上海发行所
开　　本：787×1092 1/32 印张 4.25 字数 55 千字
版　　次：2008 年 9 月 第 1 版 2008 年 9 月 第 1 次印刷
印　　数：3 100 册

书　　号：ISBN 978-7-5446-0987-6 / G·0470
定　　价：18.00 元（附MP3光盘）

编写说明

为进一步满足国外汉语学习者的不同需求，为各中文教学机构，尤其是新近成立的200多所孔子学院提供更加丰富的教学材料，南京大学海外教育学院编写了一套针对英语国家汉语学习者的教材与读本，分语言和文化两个系列，定名为《孔子学院适用教材》，由北京语言大学出版社和上海外语教育出版社分别出版。

《孔子学院适用教材·文化读本系列》（共12本）的使用对象为国外汉语初学者，总体思路是选取孔子、孟子、老子、庄子等古代思想家、教育家的名言以及中国成语故事、神话故事、寓言故事、历史人物故事、唐诗名句、中华箴言等，做成口袋书，每册150页左右；内容由原文、拼音、今译、英译、解析、问题、必要的注释及插图等几部分组成。

这套文化读本系列的编写目的主要有两点：一、帮助国外汉语初学者了解这些名人的思想或重要观点，了解中国传统文化的精髓，进而传播和弘扬科学的、美好的思想和精神；二、丰富国外汉语教学入门阶段的教学内容。这套小丛书内容深刻而又实用，但需要指出的是，这些名言佳句主要是根据国外汉语初学者的学习特点和需要辑录的，并不代表某一名人或某一名篇的全部思想精神，请在学习时加以注意。

这套教材在编写过程中得到了澳大利亚墨尔本大学（University of Melbourne）中文系和孔子学院、英国谢菲尔德大学（University of Sheffield）东亚学院和孔子学院、加拿大滑铁卢大学（University of Waterloo）孔子学院、美国亚特兰大孔子学院、杨百翰大学（Brigham Young University）等单位的支持和协助。墨尔本大学孔子学院院长、中文系主任David Holm教授，美国杨百翰大学David Honey教授，英国谢菲尔德大学孔子学院副院长Sarah Dauncey博士在百忙之中审阅英文译稿。加拿大滑铁卢大学孔子学院院长李彦教授、中方院长唐建清教授，美国亚特兰大孔子学院院长、艾美瑞大学（Emory University）蔡蓉教授等也提出了很好的建议，在此一并致谢。

编　者

2008年3月于南京大学

Editors' Note

With the prospect of more and more people learning Chinese in their home countries, the need has arisen for new and more interesting Chinese teaching materials in institutes outside China that provide education in the Chinese language and culture, especially in over 200 Confucius Institutes that have been founded recently in different parts of the world. We are proud to present *Textbooks for Confucius Institutes*, compiled by the Institute for International Students, Nanjing University, and published separately by the Beijing Language and Culture University Press and the Shanghai Foreign Language Education Press.

Chinese Culture Reader Series for Confucius Institutes, a set of twelve 150-page pocketbooks, introduce some basic facts about Chinese culture, such as ancient philosophical aphorisms, idioms, myths, fables, historical anecdotes, poems and proverbs, for foreign learners of Chinese. Each entry is comprised of a Chinese text in the original, a pinyin, a contemporary Chinese version, an English translation, explanations, questions, notes (if necessary) and illustrations.

This set aims to help foreign learners of Chinese to acquire a better understanding of Chinese culture by getting them acquainted with traditional Chinese wisdom that, as we see it, still makes sense in the contemporary context. Meanwhile, this set also provides beginner-level Chinese reading materials, including pieces that we believe to be useful and interesting. However, it should be pointed out that the excerpts in the entries are used principally for the purpose of helping the users learn some Chinese and may fall short as vehicles of the original ideas of the authors.

In compiling this set of books, we have been given wholehearted support by the Department of Chinese and the Confucius Institute at the University of Melbourne, Australia; the East Asia School and the Confucius Institute at the University of Sheffield, Britain; the Confucius Institute at the University of Waterloo, Canada; the Confucius Institute in Atlanta, and Brigham Young University, U.S.A. We would also like to express our gratitude to Prof. David Holm, Director of the Confucius Institute and Dean of the Department of Chinese at the University of Melbourne, Prof. David Honey of Brigham Young University, and Dr. Sarah Dauncey, Deputy Director of the Confucius Institute at the University of Sheffield, for their help in revising the English translations, and to Prof. Li Yan, Director of the Confucius Institute at the University of Waterloo, Prof. Tang Jianqing, Deputy Director of the Confucius Institute at the University of Waterloo, and Prof. Cai Rong, at Emory University and Director of the Confucius Institute in Atlanta, for their valuable suggestions.

The Editors
Nanjing University, China
March 2008

庄子

庄子(约公元前369年—前286年)，名周，字子休(一说子沐)，宋国蒙(今安徽蒙城，一说河南商丘东北)人。战国时期著名思想家、文学家，是道家学派的代表人物，后世与老子并称“老庄”。他的著作中包含有朴素辩证法的思想，认为一切事物都在变化，都是相对的。庄子的文章具有浓厚的浪漫主义色彩，多采用寓言故事的形式，对后世文学有很大影响。庄子和他的门人等著有《庄子》，亦称《南华经》。

Zhuangzi

Zhuangzi (circa 369–286 BC), an important philosopher and writer in the Warring States Period (475–221 BC), has been widely considered the spiritual successor to Laozi. He was born in today's Mengcheng, Anhui Province or Shangqiu, Henan Province. A prominent personage in Taoism, Zhuangzi believed that everything in the cosmos is in a constant state of change and governed by relativity. He often used colorful anecdotes and fables to illustrate his philosophical views, a style that has been passed down in the history of Chinese literature. Zhuangzi and his disciples co-authored the Taoist classic *Zhuangzi*.

1.

pǔ sù ér tiān xià mò néng yǔ zhī zhēng měi.
朴素而天下莫能与之争美。

《天道》

今译：如果一个人能保持淳朴本性的话，那他就是这世界上最完美的人。

英译: To be simple and pure is to have no peer in the world.

解析：中国人更愿意相信人的本性是淳朴善良的，正如刚生下来的婴儿，一派天真，只是长大后受到了社会上的种种诱惑，才把美好的本性失去了。因此，要使自己成为一个完美的人，就要回归自我，回归本性。

问题：中国古代有人认为人的本性是善，有的认为是恶，还有的认为是非善非恶。你对这个问题怎么看？为什么？

2.

dé dàng hū míng, zhī chū hū zhēng.
德荡乎名，知出乎争。

《人间世》

今译：道德败坏是由于追求名誉，智慧产生于利益争夺。

英译：Virtue is spoiled for the sake of renown; wisdom emerges for the sake of contention.

解析：为了得到别人的赞扬，为了有个好名声，人们有时会刻意树立自己的高尚道德形象，甚至为此弄虚作假。在利益面前，人们总是想出各种方法去争夺，保护自己，打击别人，并把这些方法叫做智慧。

问题：为了得到表扬才去做好事，你觉得这种行为值得称赞吗？为什么？

3.

dào yǐn yú xiǎo chéng, yán yǐn yú róng huá.
道隐于小成，言隐于荣华。

《齐物论》

今译：主观偏见会妨碍对真理的追求，花言巧语容易掩盖真言。

英译：Tao is obscured when it is concealed by subjective bias; speech is obscured when it is concealed by flowery words.

解析：很多时候，我们的主观偏见总是让我们难以看到事情的真相；华丽、雄辩的话语容易让人兴奋，使人迷惑，难以做出准确的判断。

问题：你曾因为自己的偏见或者别人的花言巧语而对某件事作出错误的判断吗？是怎样一种情况？你后来是怎样从这种状态中清醒过来的？

4.

zì shì qí xīn zhě, āi lè bù yì shī yú qián.
自事其心者，哀乐不易施于前。

《人间世》

今译：一个努力提高自己道德水平的人，不会因为得失而轻易产生悲伤与欢乐之情。

英译：One who cultivates his mind would be hardly moved by grief or joy.

解析：一个人活在这个世界上，总会碰到一些外在的得失，给自己情绪上带来或喜或悲的变化。怎样才能避免这种变化，保持一种好的心态呢？外在的得失不由我们自己决定，但自身的修养却是我们自己能决定的，如果我们把关心的重点转到自身的修养上来，我们还会那么在意外在的得失吗？

问题：你的情绪容易受到外界影响吗？当你因为成功而高兴或者因为失败而难过时，你是怎样让自己平静下来呢？

5.

zhì lè wú lè, zhì yù wú yù.
至乐无乐，至誉无誉。

《至乐》

今译：最大的快乐就是摆脱了世俗所谓的快乐，最高的荣誉就是摆脱了世俗所谓的荣誉。

英译：Perfect happiness is derived from the absence of happiness; perfect fame is derived from the absence of fame.

解析：钱财、美色、权力、荣誉，这是很多人一生追求的目标，认为得到了它们就会带来快乐。可是，在得到这些东西之前，人们忙忙碌碌，痛苦烦恼；在得到之后，又因为害怕失去而担心，所谓的快乐在哪儿呢？如果我们能把这些世俗的快乐、荣誉抛开，也许就能体会到生活中真正的快乐了。

问题：你觉得快乐一定是因为得到了钱财、美色之类的东西吗？在你的记忆中，你什么时候最快乐？

6.

bú wèi xuān miǎn sì zhì, bú wèi qióng yuē qū sú.
不为轩冕肆志，不为穷约趋俗。

《缮性》

今译：不因为富贵而得意洋洋，放纵自己；也不因为穷困而向世俗行为低头。

英译：Do not swell with pride and indulge yourself when you obtain a high position and do not mix with the vulgar world when you are in poverty.

解析：富贵荣华，这些都是生命中外在的东西，拥有它们当然好，但并不一定保证幸福。没有它们，也并不妨碍人们快乐地生活。重要的是保持一颗平常心，别把钱财权势看得太重，这样才能真正地享受生活。

问题：你怎样看待贫穷？如果在穷而快乐与富而不快乐两种生活中选择，你更愿意选择哪种？

7.

jǔ shì yù zhī ér bù jiā quàn, jǔ shì fēi zhī ér bù jiā jǔ.
举世誉之而不加劝，举世非之而不加沮。

《逍遥游》

今译：即使全世界的人都称赞他，他也不会因此而更加努力；即使全世界的人都反对他，他也不会因此而灰心丧气。

英译：One does not feel flattered when the whole world praises him and does not feel discouraged when the whole world blames him.

解析：每个人都有自己的想法，有自己的行为准则。在人生道路上，听取他人意见固然重要，但更重要的是按照自己的想法、准则去做事，不受外界的影响，不做随风摇摆的人。一个事事都按他人意见去做的人，即使成功了，他对生活的体验又有多少呢？

问题：全家人都反对你的选择，但你却不愿放弃，你有过这样的经历吗？后来是怎么处理的？

8.

xū shì shēng bái.
虚室生白。

《人间世》

今译: 比喻一个人如果能保持思想的纯净，没有杂念，他就能清醒地看待这个世界。

英译: If you look upon everything as emptiness, your empty mind will be pure and simple.

解析: 一个房间如果堆满了东西，光线就会变得很暗，道路也会变得弯弯曲曲，不好行走。如果把所有的东西都搬走，这个房间会明亮得多，行走起来也会自在得多。人的心灵也是这样，如果杂念太多，我们的内心就会变得阴暗不明，对事物、对自己很难有一个清醒的认识，也难以作出正确的判断。

问题: 人为什么会有那么多杂念呢？你一般用什么办法来排除头脑中的杂念呢？

9.

qí shì yù shēn zhě, qí tiān jī qiǎn.
其嗜欲深者，其天机浅。

《大宗师》

今译：一个人的嗜好、欲望太多的话，他的本性、智慧就会被遮蔽。

英译：Those with pure lusts and deep desires are shallow in their natural gifts.

解析：动听的音乐、美丽的姑娘、华丽的衣服、精美的食物、香烟、美酒、毒品、权力、名位……，所有这些都容易使人沉醉其中，为之着迷。一旦沉迷于这些嗜欲之中，个人的判断力就会受到影响，甚至失去理智，做出疯狂的事来。

问题：你有什么爱好吗？你的爱好有没有影响你的学习或工作？中国有句古话，意思是说：一个人如果连爱好都没有的话，那就不值得做朋友。你觉得这句话有道理吗？

10.

wài zhòng zhě nèi zhuō.

外重者内拙。

《达生》

今译：一个人过于看重外在的东西，内心就容易失去平衡，显得笨拙。

英译：Consideration of external things always disturbs people internally.

解析：一个运动员，如果他把成绩看得不是很重，他可以充分发挥自己的技术水平；如果他把比赛结果看得太重，则会大失水准。这并不是他的技术水平下降了，而是他内心失去平衡，过于紧张，反而不能发挥出自己应有的水平。

问题：太看重一个人或一样东西，反而会因此失去他（它），你有过这样的经历吗？

11.

jué jì yì, wú xíng dì nán.
绝迹易，无行地难。

《人间世》

今译：不走路当然不会留下什么痕迹，这很容易做到。但是一个人又要走路又不想留下痕迹，就很难了。

英译：It is easy to stop leaving traces, but hard to do so when walking.

解析：又要走路，又不想留下痕迹，除非他是神仙、飞鸟，否则谁也做不到。这句话的意思是说，一件事情，做过以后，肯定会给行为者带来相关的后果或影响。也就是说，我们每个人都要对自己做过的事情负责，做事情不能不考虑后果。

问题：中国有句老话：恶有恶报，善有善报，但现实生活中却有不少做了好事反而得到坏结果，或者做了坏事却得到好结果的例子，你怎么理解这句老话呢？

12.

dé yǒu suǒ cháng ér xíng yǒu suǒ wàng.
德有所长而形有所忘。

《德充符》

今译：如果一个人的道德水平比较高，那么他身体、外貌上的缺陷常常就会被人忽略掉。

英译：For men with ample virtue, their physical defects might be overlooked.

解析：一个伟大的科学家、艺术家，或者其他方面的优秀人才，人们只会佩服他所取得的成就，而常常忽略他的外貌、衣着。没有人会去批评爱因斯坦乱糟糟的头发，因为大家都知道，如果他只关心自己的头发，那他可能就研究不出相对论。

问题：你尊敬爱因斯坦吗？你关注过他的外表吗？

義

13.

Xiǎo huò yì fāng, dà huò yì xìng.
小惑易方，大惑易性。

《骈拇》

今译：小的迷惑会使人弄错方向，大的迷惑会使人失去本性。

英译：One who is mildly confused will change his direction of life; one who is seriously confused will change his inborn nature.

解析：迷惑有两种，一种是因为不了解相关的情况、知识，而造成的迷惑。这种迷惑每个人在日常生活和学习中都会碰到，是可以通过学习来解决的；另一种迷惑则是因为受到钱财、权力、美色等的诱惑而迷失了本性，造成思想、行为上的混乱。

问题：你的方向感怎么样？在一个新的城市里容易迷路吗？在人生道路上怎样才能在诱惑面前仍然不迷失自己？

14.

zhī bù kě nài hé ér ān zhī ruò mìng, wéi yǒu dé zhě néng zhī.
知不可奈何而安之若命，唯有德者能之。

《德充符》

今译：知道自己的困难处境无法改变，而安于这种处境，认为这就是自己的命运，只有道德高尚的人才能做到这样。

英译：Only men of integrity can resign themselves to the inevitable and accept it as their fate.

解析：生活、工作中必然会碰到一些无法克服的困难，是不停地抱怨、烦恼、忧愁，还是平静地接受现实，认为这就是生活乃至命运的一部分？毫无疑问，后面这种人生态度显得更为可耻。

问题：你赞同庄子的这个观点吗？如果不赞同，为什么？如果赞同，你是否觉得庄子这是一种消极的人生态度？

15.

āi mò dà yú xīn sǐ.
哀莫大于心死。

《田子方》

今译： 对于一个人来说，最悲哀的事情莫过于完全失去天性，心灵僵死。

英译： No sorrow is greater than the death of the mind.

解析： 天地之间人最宝贵，是因为人有思想，有感情。但假如有一天，这个人对自己、对社会都失去了信心，也丧失了热情，整个人变得心灰意冷，那么他虽然还活着，却如同行尸走肉一般，这难道不是最悲哀的事情吗？

问题： 你有过失去自信的时候吗？失败之后，怎样才能重建自己的信心呢？

16.

xiǎo rén xùn cái, jūn zǐ xùn míng.
小人殉财，君子殉名。

《盗跖》

今译：小人因为争夺财物而死，君子因为追逐名声而死。

英译：Mean persons would die for possessions, whereas true gentlemen would die for honour.

解析：大多数人的行为目标都可以用两个字来概括：名、利。普通人直接一点，做事情直奔钱财利益而去。修养高些的则奔着名声而去，有时候名声能给他们带来利益，有时候不能。不是说追名逐利不好，社会就是这样被推动发展的。但是如果有时候我们能更超脱一些，也许我们看待这个世界的眼光就会有所不同，不会那么功利了。

问题：生活在这个世界上，除了名、利之外，我们还可以追求些什么？你觉得自己是个功利的人吗？

17.

yǐ zhòng xiǎo bù shèng wéi dà shèng.
以众小不胜为大胜。

《秋水》

今译： 在一些小问题上，不与世俗之人争胜负；而在大的方面取得胜利才是真正的胜利。

英译： One who does not compete with mediocrities can win a major victory.

解析： 在日常生活中，人们往往会因为一点利益而你争我夺。但如果能以一种超脱的心态去对待这种小的胜负，就能在更大的事情上取得成功。

问题： 你觉得什么样的胜利才是“大胜”？为什么？

18.

yì yǒu suǒ zhì ér ài yǒu suǒ wáng.
意有所至而爱有所亡。

《人间世》

今译：用自己主观的方式去爱一个人或一种东西，有时候恰恰会给被爱者带来伤害。

英译：Good intentions can cause damages.

解析：爱一个人，无论是父母与子女间的爱还是男女间的爱，都应该以一种恰当的方式，以被爱者能接受的形式进行。

问题：怎样的爱才是恰当的爱？如果让你选择一种爱情，你是更愿意选择火热的爱，还是理智却又显得有些平淡的爱？

19.

wú qiān lìng, wú quàn chéng.
无迁令，无劝成。

《人间世》

今译：不要随意改变已经下达的命令，不要勉强地去做力不从心的事情。

英译：Do not change orders constantly; do not press to accomplish something.

解析：作为领导，随意改变命令会让下级无所适从，也会损害自己的威信；作为下级，不服从并且改变上级命令更是最应该避免的事情。勉强去做力不从心的事情，结果可能会是失败。

问题：你会经常给自己定一些不太容易达到的奋斗目标吗？是成功的时候多还是失败的时候多？在执行的过程中经常把目标调低吗？

20.

hào miàn yù rén zhě, yì hào bèi ér huǐ zhī.
好面誉人者，亦好背而毁之。

《盗跖》

今译： 喜欢当面拍马屁、奉承人的人，也喜欢背地里说人的坏话。

英译： Those who praise someone to his face are likely to smear him behind his back.

解析： 当面奉承一个人，并非对方真正值得夸赞，而是因为有求于对方，希望拉近双方的关系，达到自己的目的。等到自己目的达到了，无所求于对方，或者自己的请求被对方拒绝，目的没有达到，自然要说出真心话，甚至故意诽谤。所以说，对那些当面奉承的人要多加小心啊。

问题： 如果明知自己是被别人虚假地夸奖，你会有什么样的感觉？在现实生活中，哪些是真心的夸奖哪些是虚伪的奉承你能清楚地分开吗？

21.

bù néng róng rén zhě wú qīn, wú qīn zhě jìn rén.
不能容人者无亲，无亲者尽人。

《庚桑楚》

今译：一个不宽容的人，是没有人愿意亲近他的，而一个大家都不愿亲近的人，实际上就被排除在这个社会之外了。

英译：He who does not tolerate others will have no friends; he who has no friends around him will be the outcast of society.

解析：一个宽容的人，允许别人自由行动，允许别人有自己的观点，也能容忍别人的一些缺点与错误。这样的人，大家当然愿意亲近他，团结在他周围。而一个不宽容的人又有谁愿意与他交往呢？宽容总是互相的，你对别人宽容，别人对你也会宽容；你拒绝别人，别人也会拒绝你。等到大家都拒绝你的时候，你实际上已经被排除在这个社会之外了。

问题：一个宽容的人，他应该有哪些特点？是不是应该对所有的人都抱宽容的态度？对什么人应该宽容？对什么人应该严厉？

22.

shǐ hū liàng, cháng zú hū bǐ.
始乎谅，常卒乎鄙。

《人间世》

今译：人与人的交往，开始时互相信任，最终却常常互相欺骗。

英译：People may begin in good faith but invariably end up in deception.

解析：人这一辈子，如果能交到一个永远不变的知心朋友，那是一件很值得庆幸的事。大多数的情况是，开始时两个人非常要好，性格、爱好等各方面好像都表明他们之间的友谊将永远不变。但是很快，在某种利益面前，在时间的考验之下，两个人的友谊开始破裂，不再是朋友，甚至变成了仇人。

问题：你有非常要好的朋友吗？你觉得两个朋友要想长期友好地相处，应该注意哪些方面？

23.

qí zuò shǐ yě jiǎn, qí jiāng bì yě bì jù.
其作始也简，其将毕也必巨。

《人间世》

今译：事情在开始时总是简单的，结束时却常常变得很复杂。

英译：What was simple in the beginning may become enormously complex in the end.

解析：人类最初的房屋不过是在地上挖个洞，上面再盖上一些遮雨的木板而已，今天几百米高、内部结构复杂无比的大楼，当时谁想得到？事物总是在不断地向前发展，简单的变得复杂，粗糙的变得精致。与此相同，单纯的人际关系也变得越来越复杂多变，这没什么好抱怨的。

问题：有人认为，随着社会、科技的发展，人与人之间的关系越来越疏远，不再像以前那么单纯，对这种观点你是赞同还是不赞同？为什么？

庄子名言精选

24.

fú yǐ lì hé zhě, pò qióng huò huàn hài xiāng qì yě.
夫以利合者，迫穷祸患害相弃也。

《山木》

今译：因为利益而结合在一起的人，必然会因为遇到困难、灾祸而互相抛弃。

英译：Those who come together for profit will abandon each other in times of distress, poverty, disaster and danger.

解析：中国著名的史学家司马迁说过：天下熙熙，皆为利来，天下攘攘，皆为利往。意思是说，人的行为都是受利益驱动的。有些人在选择朋友时也是以利益为出发点来考虑，这没什么好批评的。问题是，谁要是有这样一个朋友的话，最好不要太相信他，因为如果有一天你不能再给他带来好处的话，你们的友谊也就结束了。

问题：你选择朋友有什么标准吗？如果一个朋友在你失败的时候不再与你来往，你会有什么样的感觉？

25.

jūn zǐ zhī jiāo dàn ruò shuǐ, xiǎo rén zhī jiāo gān ruò lǐ;
君子之交淡若水，小人之交甘若醴；
jūn zǐ dàn yǐ qīn, xiǎo rén gān yǐ jué.
君子淡以亲，小人甘以绝。

《山木》

今译：君子以义相交，他们之间的交情常常像水一样平淡；小人以利相交，他们之间的交情常常像美酒一样甘甜。君子之间的交情虽然平淡，却能保持长时间的友好亲近；小人之间的交情虽然甘甜，却一点也不牢固，容易断绝。

英译：The relationship between superior men is as natural as plain water while the relationship between inferior men is as sweet as wine. The former is plain but close, while the latter is sweet but callous.

解析：因为权势而交往的，会因为权势的失去而分手；因为钱财而交往的，会因为钱财的失去而分手；因为容貌而交往的，会因为容貌变丑而分手。在这一类交往中，双方看上去很亲密很友好，但彼此的友谊却一点也不牢固。君子间的交往则与此不同，他们凭着各自的人格魅力和对道义的秉持而互相吸引，相互间没有什么利益的交换，这样的友谊虽然平平淡淡，却能天长地久。

问题：你认为怎么样才能够牢固、长久地保持两个人之间的友谊？不断赠送礼物、经常电话联系对增进两人间真正的友谊有多大的帮助？

26.

quán hé, yú xiāng yǔ chǔ yú lù, xiāng xù yǐ shī,
泉涸，鱼相与处于陆，相呴以湿，
xiāng rú yǐ mò, bù rú xiāng wàng yú jiāng hú.
相濡以沫，不如相忘于江湖。

《大宗师》

今译：泉水枯竭了，困在陆地上的鱼互相帮助，用嘴吐着唾沫去湿润对方，显得互相关心互相亲爱的样子。但对这些鱼来说，它们实际上更愿意在江湖中自由自在地生活，你不需要照顾我，我也不需要照顾你。

英译：When springs dry up, the fish are stranded on the land, moistening each other with their breath and dampening each other with their slime. but it would be much better for them to live in the rivers and lakes and forget each other.

解析：两条快要死去的鱼正在互相帮助，这就是庄子式的黑色幽默。在困难中互相帮助，这当然是种美德，值得称赞，但如果能事先就避免陷入困难中去，大家都过着幸福自在的生活，你不需要帮助我，我也不需要帮助你，每个人都是自足的人，那该多好。问题是，现实世界中真有这样一种自足自乐的生活吗？困难真的能够避免吗？

问题：你正处在困难的处境中，你的一位朋友也很困难，但他想牺牲自己来帮助你，你会接受他的帮助吗？如果接受，你的心情会怎样？你愿意牺牲自己去帮助他吗？

27.

yú xiāng wàng yú jiāng hú, rén xiāng wàng yú dào shù.
鱼相忘于江湖，人相忘于道术。

《大宗师》

今译：鱼只有生活在水中才能自由自在，人只有按照规律去办事才能无拘无束、自由自在。

英译：As fish forget everything in rivers and lakes, so men forget everything in the Tao.

解析：中国古人所谓的“道术”有着比较浓厚的神秘色彩，这种“道术”控制着大自然与人世的变化发展，大概相当于今天所说的自然规律与社会规律。人如果想活得自在些，就要按照这些规律办事，这样才能少碰些钉子。

问题：如果一件事，你明知按照现有的规律去做肯定能获得成功，但这样做你觉得很无趣，你会怎么办？一切都按照“道术”去做会不会约束一个人的创造性和主动性？

28.

zhí mù xiān fá, gān jǐng xiān jié.
直木先伐，甘井先竭。

《山木》

今译：长得很直的树总是先被砍倒，甘甜的水井总是先枯竭。比喻有才能的人总是更容易招来伤害。

英译：A straight tree is the first to be cut down; a sweet well is the first to be drawn dry.

解析：人都是有好胜心、妒忌心的，有修养的君子能克制自己内心的妒忌，努力向胜过自己的人学习，争取超过他；而没修养的小人则想着用一些歪主意，打击有才能的人。

问题：你有没有妒忌过别人？后来怎么克服这种心理的？如果有人妒忌你的才能，你打算怎样处理你和他之间的关系？

29.

shān mù zì kòu, gāo huǒ zì jiān.
山木自寇，膏火自煎。

《人间世》

今译：山中的树木因为能做木材而被砍倒，灯烛因为能够照亮别人而被燃烧。

英译：Mountain trees are felled because of their own nature; the grease is consumed by itself for fire and light.

解析：就像木材与灯烛因为有用而过早地牺牲了自己一样，一个对社会有用的人，对社会承担着更多的责任，要付出更多的努力，结果他们也就更容易过早地衰老甚至死亡。应该承认，他们的人生是有价值的人生。庄子却不这样看，庄子认为为了所谓的价值、责任而对生命造成损害，这样不好，是应该避免的。

问题：一个人事业成功但却因此而累出病来、五十岁就去世了，另外一个事业发展得很一般、生活得很一般，但却很长寿，你愿意成为哪一个人，为什么？

30.

rén jiē zhī yǒu yòng zhī yòng, ér mò zhī wu

人皆知有用之用，而莫知无用之用也。

今译： 人们都知道有用的东西的用处，却不知道无用的东西也有它的用处。

英译： Everyone knows the usefulness of being useful, but none knows the usefulness of being useless.

解析： 一棵大树，它的木质很不好，枝干也弯弯曲曲，无法用来制作任何东西，按照一般人的观点，这棵树真是很不成材，很没用的。但它真的就没用吗？在炎热的夏天，它的浓密的树荫难道不可以给路人带来一些清凉吗？

问题： 一个人是不是一定要有才能、要成功才算是对社会有用？要怎么样才能够算是对社会有用？你认为应该怎样衡量人生到底是不是成功？

31.

rén shēng tiān dì zhī jiān, ruò bái jū zhī guò xì, hū rán ér yǐ.
人生天地之间，若白驹之过隙，忽然而已。

《知北游》

今译：人的一生，一下子就过去了，就好像从门的缝隙中看到白马迅速跑过，实在是太短暂了。

英译：The life of a man between heaven and earth is as brief as the passage of a horse through a crevice in the wall.

解析：人的生命，就像阳光下的一颗露珠，很快便被晒干而消失了。和永恒的宇宙相比，人生几十年，实在是太短，也太渺小了。但就是这样一颗短命的露珠，不也能因折射出太阳的光芒而显得多姿多彩吗？

问题：人的短暂的一生，你觉得应该怎么过才有意义呢？

32.

wǔ shēng yě yǒu yá, ér zhī yě wú yá,
吾生也有涯，而知也无涯，
yǐ yǒu yá suí wú yá, dài yǐ.
以有涯随无涯，殆矣。

《养生主》

今译：一个人的生命是有限的，但知识却是无限的，以有限的生命去追逐无限的知识，活得就会很累。

英译：Man's life is limited but knowledge is unlimited .To pursue the unlimited with the limited is fatiguing.

解析：在现实生活中，很多人辛辛苦苦、像蜜蜂采蜜一样四处求学。可是他们对所学的知识既不感兴趣，又不能将其与自己的生活结合在一起。知识对他们来说，就像一件越来越沉重的包袱，学得越多，负担便越重，如果真是这样，那还不如抛开这些负担，快快乐乐地去享受生活。

问题：你还记得你在中学曾学过的那么多的物理、化学知识吗？你觉得学习他们对你现在的生活有什么帮助吗？

33.

yǔ wū hū zhī yuè shēng zhī fēi huò yé, yǔ wū hū.
予恶乎知说生之非惑邪，予恶乎。
zhī wù sǐ zhī fēi ruò sàng ér bù zhī guī zhě yé.
知恶死之非弱丧而不知归者邪。

《齐物论》

今译： 我怎么知道，贪恋活着不是一种迷惑呢？我又怎么知道，讨厌死亡不就像一个小时候离开家乡的人却不知道要回家一样吗？

英译： How do I know that love of life is not a delusion? How do I know that one who fears death is not like a waif who does not want to go back home?

解析： 一个人寿命的长短，是勉强不来的。生命的意义在于实现个人的价值。一个过于害怕死亡的人，他活着的唯一目的就是保住自己的生命，却因此错过了生活中很多精彩的内容，他的生活显得如此苍白，这样一种生命又有什么意义呢。

问题： 生命很宝贵，有比生命更宝贵的东西吗？在什么样的情况下，你愿意抛弃自己的生命呢？

34.

dá shēng zhī qíng zhě, bù wù shēng zhī suǒ wú yǐ wéi.
达生之情者，不务生之所无以为。
dá mìng zhī qíng zhě, bù wù zhī zhī suǒ wú nài hé.
达命之情者，不务知之所无奈何。

《达生》

今译：一个了解人生真正意义的人，他不会去追求那些自己不可能得到的东西；一个看清命运的人，他不会去追求那些超出自己能力范围的东西。

英译：Those who have a thorough understanding of the essence of life do not seek after what is beyond the reach of life; those who have a thorough understanding of the essence of fate do not seek after what is beyond the power of fate.

解析：每个人的能力、精力都是有限的，我们都不是超人，有些东西是我们注定得不到的，有些事情也是我们注定做不了的。所以我们要学会放弃，努力追求自己能得到的东西，把自己能做好的事情做好。

问题：向命运屈服，这种行为、性格是值得同情还是应该批评？你有过放弃的时候吗？过了一段时间以后，你对自己当初的放弃后悔过吗？

35.

jiāo liáo cáo yú shēn lín, bù guò yī zhī;
鹪鹩巢于深林，不过一枝；
yàn shǔ yǐn hé, bù guò mǎn fù.
鼹 鼠饮河，不过满腹 。

《逍遥游》

今译： 鹪鹩在茂密的树林中做窝，不过占用一根树枝就足够了，何必要拥有整个森林？鼹鼠在河边饮水，喝饱肚子就够了，何必要占有整条河流？（比喻人们实际需要的东西很有限。）

英译： The wren that builds a nest in the deep forest occupies only a single branch; the mole that drinks from the river takes only a bellyful. (This means that not many things are necessary to meet the needs of a person's daily life.)

解析： 一个人，一辈子，如果仅仅是满足生活需要，他能吃掉多少斤粮食，能穿多少件衣服，需要住多大的房屋，要花掉多少钱？数量应该都是有限的吧。可是现实常常不是这样，基本的生活需要满足了，人们就开始追求舒适；舒适的生活满足了，又开始追求奢华，而奢华是无止境的。于是人的心中常常会有种种欲望。

问题： 你对自己现在的生活满意吗？你认为理想的生活状态是什么样子？

36.

fán rén xīn xiǎn yú shān chuān, nán yú zhī tiān.
凡人心险于山川，难于知天。

《列御寇》

今译：人的想法实在是太复杂了，有时候它比山川更复杂险恶，想要了解它，简直就比了解老天还难。

英译：The human mind is more dangerous than steep cliffs, and more difficult to predict than the heaven.

解析：现实生活中很多例子告诉我们，要想深入地了解他人，交流彼此真正的想法，这是一件多么困难的事。每个人脸上仿佛都带着一层面具，内心更是被一层层地包裹起来，让他人难以明白。

问题：你觉得别人真正了解你自己吗？你真正了解你的亲人、朋友吗？为了更好地互相了解，人与人交流时应注意些什么？

37.

dà zhī xián xián, xiǎo zhī jiàn jiàn;
大知闲闲，小知间间；
dà yán yán yán, xiǎo yán zhān zhān.
大言炎炎，小言詹詹。

《齐物论》

今译： 才智超群的人总是显得很宽容、谦虚，只有点小聪明的人则总是非常苛察，对什么事情都不停地争论。符合事实、符合真理的言论总是显得气势很足，只注意细节的言论则总显得琐碎、唠唠叨叨。

英译： Great wits are open and broad-minded; small wits are mean and meticulous. Great eloquence speaks with arrogance; small eloquence speaks without a point.

解析： 生活中总能看到这样鲜明的对比：那些道德、学问很好的人在为人处事方面都很谦虚，乐于听取别人的意见，所以他们说出来的话就像冬天的太阳一样，让人温暖，让人愿意接受。而有些刚刚取得一点小成绩的人则自以为是，对别人的意见怎么也听不进去，他们总是抓住别人的一点小错误，不停地议论，让人厌恶。

问题： 你觉得自己的说话方式是什么样的？如果要改进自己的说话方式，你觉得还应该在哪些方面努力？

38.

gǔ zhě wú yǐ yú hū wén zhāng zhī guān,
瞽者无以与乎文章之观，
lóng zhě wú yǐ yú hū zhōng gǔ zhī shēng.
聋者无以与乎钟鼓之声。

《逍遥游》

今译：我们无法和瞎子一起观赏花纹之美，也无法和聋子一起欣赏音乐之美。

英译：One cannot share beautiful patterns and colours with the blind; nor can he share the music of bells and drums with the deaf.

解析：一个人的眼睛如果被遮蔽起来，他就不能欣赏到花纹色彩的美；一个人的耳朵如果被遮蔽起来，他就欣赏不到音乐的美。如果一个人的心灵被遮蔽的话，他就可能无法知道事实真相，从而犯下很多错误。

问题：人的心灵容易被什么东西遮蔽？怎样才能避免自己的心灵受到遮蔽？

39.

qiè gōu zhě zhū, qiè guó zhě zhū hóu.
窃钩者诛，窃国者诸侯。

《胠箧》

今译： 有偷窃行为的人，比如偷窃衣带钩这样不怎么值钱的东西，按照法律都要被处死。但是那些窃取国家权力的大臣，不仅没有受到处罚，反而当上了国王。

英译： Those who steal knives are executed, while those who usurp the states become princes.

解析： 在世界各国的历史上，类似的事情不断发生：某位大臣通过某种手段，千方百计取得了国王的信任，并逐渐掌握了国家的权力，最终他一脚将老国王踢开，自己登上王位，成为新的国王。从法律的角度讲，他的这种行为与偷窃在本质上有什么区别呢？

问题： 说说你所知道的历史上篡位成功的国王。

40.

yòng guǎn kuī tiān, yòng zhuī zhǐ dì.
用管窥天，用锥指地。

《秋水》

今译： 从一根小竹管里去看广阔的天空，你能看到多大的天空呢？用一个小铁锥去测量深厚的大地，你又能测量多深呢？（比喻对事物的观察和了解很有限，很片面。）

英译： To peep at the sky through a tube and drill the earth with an awl (is insignificant).

解析： 对同一件事情，不同的人有不同的观察角度、方法。很多时候，由于个人生活经历的限制，我们对一件事的了解或多或少都是片面的。这时，如果我们能试着从不同的角度，站在别人的立场上，用多种方法来观察，也许就能比较准确可靠地了解这件事。

问题： 你有没有因为对一件事了解不多而匆忙得出结论，闹出笑话来的经历？是怎样的经历？

41.

shuǐ zhī jī yě bù hòu, zé qí fù dà zhōu yě

水之积也不厚，则其负大舟也无力。

今译：如果水不够深的话，大船就得不到足够的浮力。（比喻一件事情的成功需要具备相应的条件。）

英译：If a mass of water is not deep enough, it will not be able to float a large boat.

解析：很多人都想成功，但成功的人却很少，即使勉强成功，也持续不了很长时间，为什么？因为他们为成功所做的积累工作太少。人就像一棵树，只有根深土厚，才能生长得茂盛，成为有用之材；如果根浅土薄，营养不够，长出来也是又细又矮，根本成不了材.

问题：什么样的人容易成功？你是否曾经抱着侥幸成功的心理去做一些事？通常遇到什么样的结果？

42.

qiǎo zhě láo ér zhī zhě yōu, wú néng zhě wú suǒ qiú.
巧者劳而知者忧，无能者无所求。

《列御寇》

今译：心灵手巧的人常常能比普通人做更多的事情，因而也更辛苦；聪明的人常常要比普通人考虑更多的事情，因而也更操心。反倒是那些没什么才能的人，他们没什么事要做，也没什么事要考虑，因而活得更自由自在。

英译：Those with adroit hands tire themselves physically; those with wisdom worry themselves out; the good-for-nothing pursue nothing.

解析：我们在生活中常常看到这样的情形：一个又笨又懒的家伙常常生活得无忧无虑、平安快乐，而一个又聪明又努力的人为了达到目标常常又苦又累，夙兴夜寐。但前者的快乐是低层次的，而后者所获得的快乐比前者来得更为持久？

问题：你赞同快乐有高层次、低层次之分的观点吗？为什么？你羡慕那些无所事事又快快乐乐的人吗？

43.

yǐn jiǔ yǐ lè, bù xuǎn qí jù yǐ.
饮酒以乐，不选其具矣。

《渔父》

今译： 喝酒只要快乐就好，不必在意使用的是什么酒杯。

英译： Drinking is for enjoyment; hence, one does not care what cup to use.

解析： 酒是内容，酒杯是形式，内容无疑比形式更为重要。当然，这种观点今天已经显得有些过时。当你耐心地打开那些一层层非常漂亮的外包装时，即使你觉得里面的东西没有你想像的好，你也不会有太多抱怨，不是有所谓的"包装文化"吗？那些外包装不是已经用视觉享受来对我们进行弥补了吗？

问题： 一杯好酒盛在一个糟糕的酒杯里，一个漂亮的酒杯里盛着一杯劣酒，两者相比你更愿意喝哪杯酒？你喜欢商家把商品一层一层漂亮地包装起来吗？为什么？

44.

zhǐ qióng yú wéi xīn, huǒ chuán yě, bù zhī qí jìn yě.
指穷于为薪，火传也，不知其尽也。

《养生主》

今译： 灯烛中的油脂虽然被烧尽，但是它们留下的火种却可以传续下来，永远不会熄灭。（一般用来比喻精神、知识、技术等一代代往下传递。）

英译： The resins and the firewood may be consumed, but the fire will burn on. No one knows when the fire will end. (This means that learning, skills, etc. passes from master to pupil in endless succession.)

解析： 人总是要死的，一个人的肉体虽然不存在了，但他的精神却可以长存。中国另一位哲学家老子曾说过"死而不亡"这样一句看起来矛盾的话，所谓"不亡"指的就是精神的长存。人与动物相比，最宝贵的就是人有思想，有精神。正因为人的思想精神可以一代代传递，人类社会才能发展到今天这个样子。

问题： 历史上哪个人物对你影响最大？他的什么精神、事迹让你印象最深？

45.

yǐ suí hóu zhī zhū tán qiān rèn zhī què, shì bì xiào zhī.
以隋侯之珠弹千仞之雀，世必笑之。

《让王》

今译：假如有人用价值连城的珠宝作弹子，去弹射天空高处的鸟雀，人们一定会嘲笑他。（因为他得到的远远比不上他失去的。）

英译：If a man shoots at a high-flying sparrow with a precious pearl, he will surely be laughed at.

解析：做任何事情都要分清轻重，得不偿失的事不要去做，这应该是个大家都懂的道理。什么东西重要，什么东西不重要，很多人在平时都能分得很清楚，但面临选择的时候，有些人却又变得糊涂起来。

问题：你有没有干过什么得不偿失的傻事？什么事？

46.

zhǔ xiǎo zhě bù kě yǐ huái dà, gěng duǎn zhě bù kě yǐ jí shēn.
褚小者不可以怀大，绠短者不可以汲深。

《至乐》

今译：袋子要是太小的话，就装不下大东西；井绳要是太短的话，就无法把井水打上来。

英译：A small bag cannot hold large things; a short rope cannot reach a deep well.

解析：人的能力有大小，知识水平有高低，一个优秀的管理者最擅长的应该就是量才为用，根据人的才能安排他们去做不同的事情。与此相反，如果勉强让一个人去做超出他能力与水平的事情，结果很可能是失败。

问题：你对自己的能力有清楚的认识吗？在学习和工作当中，你给自己设定的目标大多数是很容易实现还是比较难以实现？

47.

dà shēng bù rù yú lǐ ěr, zhé yáng huáng huā zé kè rán ér xiào.
大声不入于里耳，《折杨》、《皇华》则嗑然而笑。

《天地》

今译： 高雅的音乐并不受普通人的欢迎，反倒是《折杨》、《皇华》这样的通俗音乐常常让他们哈哈大笑。

英译： Grand music will not appeal to the villagers, but popular songs like "Zheyang" and "Huanghua" will set them laughing heartily.

解析： 一首歌如果太高雅，能欣赏它的人就不会有很多；一个道理如果太高深，懂得它的人就会很少。这就是所谓的"知音"难遇。高雅的事物没有观众，没有支持者，当然更没有市场。有些人坚持下来了，有些人则因此放弃了自己的追求，转而追逐流行的东西。流行的东西变来变去，这些人最终迷失了自己的方向。

问题： 你喜欢追逐流行的东西吗？你怎么看待流行文化，比如流行音乐、流行服装等等？它和高雅的东西之间是对立关系吗？

48.

fú jìng suī duǎn, xù zhī zé yōu,
凫胫虽短，续之则忧，
hè jìng suī cháng, duàn zhī zé bēi.
鹤胫虽长，断之则悲。

《骈拇》

今译： 野鸭的腿虽然短，但如果强行延长它，野鸭反而很痛苦；鹤腿虽然长，如果强行截断它，鹤也会很痛苦。（比喻自然就好，不必强求一致。）

英译： Short as its legs are, the duck will come to trouble if we stretch them out. Long as its legs are, the crane will come to grief if we cut them short.

解析： 世界是丰富多彩的。假设一下，如果所有的种类都被强行按照一个标准来生长，这个世界该多么无趣。每种事物都有它自身的发展规律，按照这个规律自然发展就好，违背这个规律肯定要受到大自然的惩罚。

问题： 如果世界上所有的人都因为克隆技术而变得一模一样，你喜欢这样的世界吗？为什么？

49.

rǔ bù zhī fú táng láng hū, nù qí bì yǐ dǎng chē zhé,
汝不知夫螳螂乎，怒其臂以挡车辙，
bù zhī qí bù shèng rèn yě.
不知其不胜任也。

《人间世》

今译：你见过那螳螂吗，它奋力伸出它的手臂去阻挡车轮的前进，却不明白以它的力量根本做不到。

英译：Don’t you know the fable of the mantis? The mantis raises its forelegs to stop an oncoming chariot, unaware that this is beyond its power.

解析：社会发展有它自己的规律与趋势。有时候，它就像一辆高速行驶的火车，呼啸而来，任何试图阻挡它的东西都会被压得粉碎，个体的生命在它面前显得特别渺小。你或者顺从它，或者就像那奋力伸出手臂的螳螂，被它无情地碾碎。

问题：历史上有些悲剧性的英雄人物，他们逆时而动，最终失败了，你能列举几个这样的英雄吗？你怎样看待他们，尊敬、同情……？为什么？

50.

fú suí qí chéng xīn ér shī zhī, shuí dú qiě wú shī hū.
夫随其成心而师之，谁独且无师乎。

《齐物论》

今译： 如果每个人都固执地坚持自己的意见，那么又有谁会没有自己的意见呢？到底该相信谁呢？

英译： If you follow your own fixed ideas and take them as your guide, who on earth would then be without a guide?

解析： 每个人的性格、经历、价值观都不相同，对待同一件事，不同的人有不同的判断。问题是，我们怎么知道自己的判断是对的，而别人的就是错误的呢？为什么有那么多人总是坚持自己的观点，哪怕这个观点在旁人看来是大错特错？

问题： 你喜欢和别人争论吗？你容易被别人说服吗？你善于说服对方吗？大多数情况下，你们的争论能达成一致意见吗？

51.

páo rén suī bù zhì páo, shī zhù bù yuè zūn zǔ ér dài zhī.
庖人虽不治庖，尸祝不越樽俎而代之 。

《逍遥游》

今译： 即使厨师不做饭，主持祭祀的人也不应该放下手中的祭器去代替厨师做饭。(比喻各做各的工作，不要越过自己的权力范围去做事情。)

英译： Even if the cook is not attending to his duties, the priest should not abandon the offering ceremony and come to the kitchen to act for him.

解析： 社会分工是社会进步的标志，大多数人在这个社会中都有明确的位置与分工。大家都把自己的工作做好，同时注意与他人合作，才能很好地完成一件事情。如果分工不清楚，每个人对自己所应承担的责任也就会很模糊，自己该做的工作都没做好，又怎么谈得上合作呢？

问题： 看到别人该做的事没做，或者没做好，你是否应该去帮助他？如果帮助他，什么样的帮助方式更好？

52.

shì yì bǐ yě, bǐ yì shì yě.
是亦彼也，彼亦是也。
bǐ yì yī shì fēi, cǐ yì yī shì fēi.
彼亦一是非，此亦一是非。

《齐物论》

今译：“这”就是“那”，“那”就是“这”，“这”和“那”都有是非的两方面。

英译：“That side” is “this side” and “this side” is “that side”. There are right and wrong on this side of things, and there are right and wrong on that side.

解析：“彼”、“此”互相对立、统一，这一方把自己称呼为“此”，但同时它又被对方看成为“彼”。“彼”就是“此”，“此”就是“彼”。“彼”有“彼”的是非方面，“此”有“此”的是非方面。只有将“彼”、“此”对立统一地看，才能更清楚地了解事物的各个方面。

问题：两个人、两个国家、两种文化对同一件事情有不同看法，你认为一定是谁对谁错吗？如果没有对错之分，那怎样处理这一类不同看法？

53.

bù zhī zhōu zhī mèng wéi hú dié yú, hú dié zhī mèng wéi zhōu yú.
不知周之梦为蝴蝶与，蝴蝶之梦为周与。

《齐物论》

今译：不知道是庄周做梦，梦到自己变为蝴蝶呢？还是蝴蝶做梦，梦到自己变为了庄周？

英译：Did Zhuang Zhou dream of being the butterfly or did the butterfly dream of being Zhuang Zhou?

解析：人们常说，人生如梦。梦里梦外，真真假假，常常让人感慨万分。当一切都成为过去，你追忆往事，是不是有往事如梦的感觉？当年的争论、是非，现在看来，都不过是过眼云烟，何足挂齿，可是当年为什么就一定要分清你我、分清对错呢？

问题：当你回忆过去，比如你的少年时代、你的初恋，你一般是什么心情？有着什么感觉？你过去有不喜欢的人吗？过了若干年后，现在想起他又是什么感觉？

楚

54.

zì qí yì zhě shì zhī, gān dǎn chǔ yuè yě;
自其异者视之，肝胆楚越也；
zì qí tóng zhě shì zhī, wàn wù jiē yī yě.
自其同者视之，万物皆一也。

《德充符》

今译： 从事物都有差别的一面来看，即使像肝和胆这样互相亲近的东西，也会像楚国和越国那样有着巨大差别。从事物都有相同之处这一面来看，万事万物又都是同一类型的。

英译： If we look at things with regard to their differences, the liver and the gall are as different as the states of Chu and Yue. However, if we look at things with regard to their likenesses, everything in the world is one.

解析： 世界是多元的，不同的人种、民族、文化、信仰之间，差异很明显，忽视这些差异当然不行，但如果过于强调这些差异，往往会产生一些冲突。事实上，人与人、国与国、文化与文化之间，相同之处很多，正是因为有这些相同点，交流才成为可能。

问题： 到外国或外地去旅游，你是否觉得这个地方有些东西你很难接受？或者有些东西你看不惯？你是否总是忍不住拿这个地方和自己居住的地方做比较？你认为这种心态好不好？

55.

bǐ jié zhě yǒu jiàn, ér dāo rèn zhě wú hòu; y
彼节者有间，而刀刃者无厚；以无厚
huī huī hū qí yú yóu rèn bì yǒu yú dì yǐ.
恢恢乎其于游刃必有余地矣。

《养生主》

今译：牛的骨节之间总有一定的空隙，相对于被磨得薄薄的刀刃来说，骨节间的这种空隙就会显得特别宽大。用这样的刀刃来分解骨节，只要顺着空隙进刀就行，不需要用力劈砍。（比喻工作熟练，有丰富的经验，解决问题毫不费力。）

英译：There are crevices between the joints, but the edge of knife is very thin. When you insert the thin edge of knife into these crevices, there is plenty of room for it to pass through.

解析：一个善于解决问题的人，肯定不会是一个蛮干的人。他知道，要解决问题，就应该像好厨师熟悉骨节间的空隙那样，知道问题的关键在什么地方，熟悉它的结构，掌握它的规律，然后按照规律做事，这样他才能顺利轻松地解决问题。

问题：工作、学习当中，怎样才能做到游刃有余？

56.

zhì rén zhī yòng xīn ruò jìng, bù jiàng bù yíng,
至人之用心若镜，不将不迎，
yìng ér bù cáng, gù néng shèng wù ér bù shāng.
应而不藏，故能胜物而不伤。

《应帝王》

今译：一个高明的人，他应该客观地对待事物，就像镜子照物一样，有什么东西就照出什么东西。不因为自己的好恶而迎合、隐藏什么，这样才能看清事物的真实情况而不被欺骗。

英译：The perfect man applies his mind like a mirror, which neither receives nor sends; it reflects things but does not retain things. Therefore, he can act successfully without wearing out his mind.

解析：世上任何一件事、一个人，如果你带着偏见去看它们，都能够从它们身上找到证明你观点的东西。你可以从不同的角度来看待事物，把高的看成矮的，把胖的看成瘦的，把好的看成坏的，你这样做不过是证明了自己的偏见而已，对了解事实又有什么帮助呢？

问题：你觉得一个人能清醒地意识到自己的偏见吗？你对人、对事有过偏见吗？怎样做才能尽可能地避免偏见影响自己的判断？

57.

jǐng wā bù kě yǐ yǔ yú hǎi zhě, jū yú xū ye
井蛙不可以语于海者，拘于虚也，
xià chóng bù kě yǐ yǔ yú bīng zhě, dǔ yú shí
夏虫不可以语于冰者，笃于时也，
qū shì bù kě yǐ yǔ yú dào zhě, shù yú jiào yě.
曲士不可以语于道者，束于教也。

《秋水》

今译： 与水井中的青蛙是没办法谈论大海的，因为它们一辈子都跳不出水井，不知道世界上还有大海；也没办法与夏天的虫子谈论冬天的冰雪，因为它们从来没活到过冬天，当然也就没见过冰雪；也不要和没什么见识的人谈论大道，因为这超出了他们的知识范围。

英译： You can not discuss the sea with a frog at the bottom of a well because it is confined by its space; you cannot discuss ice with a summer moth because it is limited by time; you cannot discuss the Tao with a bookworm because he is restrained by knowledge.

解析： 受环境与条件的影响，每个人在见闻、知识上都有各自的不足。一个农民可能认为自己家乡的小镇就是全天下最热闹的地方，而一个城里人则可能连韭菜与麦苗都分不清。我们在嘲笑别人的同时，是否也该想想如何弥补自己的不足，如何开阔自己的眼界呢？

问题： 你觉得自己在哪些知识方面还应该加强？是什么原因造成自己在这方面不足？

58.

niú mǎ sì zú shì wèi tiān, luò mǎ shǒu, chuān niú bí shì wèi rén,
牛马四足是谓天，落马首，穿牛鼻是谓人，
gù yuē, wú yǐ rén miè tiān, wú yǐ gù miè mìng.
故曰，无以人灭天，无以故灭命。

《秋水》

今译：什么是自然？牛马生下来就有四条腿，这就是自然。什么是人为？用马笼头套住马头，用牛绳拴住牛鼻子，这就是人为。所以说，不要用人为的东西去破坏自然的东西，也不要用人为的东西去破坏天性。

英译：That the oxen and the horses have four feet is what I mean by inborn nature; that the horses are bridled and the oxen are led by the nose is what I mean by enforced behaviour. Therefore, it is said, don't destroy inborn nature with enforced behaviour; don't destroy fate with affectation.

解析：人类总是希望这个世界能按照自己的意愿发展，为此发明了很多东西来控制、改造世界，我们有了空调、洗衣机、汽车……，甚至有克隆技术。我们的生活确实得到了改进，可是我们担心的事情也比以前要多得多：环境污染怎么恢复，石油枯竭怎么办，克隆技术该不该用在人身上等等。我们解决了一些小问题，看起来却带来了更多更大的麻烦。

问题：如果把你放在一个什么电器都没有的地方，一切都要靠自己的双手双脚来完成，你能适应吗？你怎么看待现代社会中发展与环境保护之间的矛盾关系？

59.

shòu líng yú zǐ xué bù yú hán dān, wèi dé guó néng,
寿陵余子学步于邯郸，未得国能，
yòu shī qí gù xíng yǐ, zhí pú fú ér guī ěr.
又失其故行矣，直匍匐而归耳。

《秋水》

今译：有个寿陵的少年到赵国邯郸去学习走路，没能学会邯郸人的走路方法，反倒把他原来的走路本领也忘掉了，最后只好爬回寿陵。（比喻没学会别人的优点，反而把自己原有的特长丢掉了。）

英译：A young man from Shoulin in the state of Yan learned how to walk in Handan in the state of Zhao. He failed to learn how to walk as the people in Handan, and also forgot how to walk in his own way. He had to go home on his hands and knees. (This means that a person not only fails to imitate another's good qualities but also loses what used to be his own ability.)

解析：学习别人的优点，这是应该的。但首先要弄清楚的是，你要学习的东西确实是优点，而不仅仅是一时流行的时髦东西。其次要注意的是，别人的优点也许只适合那个人，而不一定能适合自己，如果一定要学习，也要注意把别人的优点和自己的特点相结合，盲目学习别人、彻底抛弃自己的传统是不可取的。

问题：假如这个故事中的年轻人学会了邯郸人的走路方法，从此就像邯郸人那样走路，你觉得这样的故事结局怎么样？在现代社会，总是面临着保留传统与学习先进方法之间的矛盾，你怎样看这种矛盾？

60.

quán zhě suǒ yǐ zài yú, dé yú ér wàng quán.
筌者所以在鱼，得鱼而忘筌。
tí zhě suǒ yǐ zài tù, dé tù ér wàng tí.
蹄者所以在兔，得兔而忘蹄。
yán zhě suǒ yǐ zài yì, dé yì ér wàng yán.
言者所以在意，得意而忘言。

《外物》

今译：竹笼是用来捕鱼的，捕到鱼之后，就没必要记着竹笼了。兔网是用来捕兔子的，捕到兔子后，就没必要记着兔网了。说话是为了表达意思，意思表达清楚了，也就没必要记住话是怎么说的了。

英译：A fish-trap is used to catch fish, but when we have caught the fish, we often forget the fish-trap. A rabbit-snare is used to catch rabbits, but when we have caught the rabbit, we often forget the rabbit-snare. Language is used to express the thought, but when we have expressed the thought, we often forget the words.

解析：使用工具是为了达到目的，目的显然比工具更为根本。有些人在做事的时候，沉迷于工具本身，对工具精益求精，浪费了太多的时间，妨碍了目标的实现。另外一些人因为曾经使用某一工具实现了目的，于是便迷信这个工具，不再改进它，也不愿接受更新更好的工具，这对于目标的实现也是有害的。

问题：你怎么看工具（手段）和目的之间的关系？有人认为只要目的是好的，只要能达到目的，工具（手段）无所谓，你怎么看？